Si tueras un pulpo...

por Andrew Willett
ilustrado por Andrea Tachiera

Scott Foresman

Oficinas editoriales: Glenview, Illinois • New York, New York
Ventas: Reading, Massachusetts • Duluth, Georgia
Glenview, Illinois • Carrollton, Texas • Menlo Park, California

Soy un pulpo. ¿Has visto alguna vez un pulpo? Tal vez has visto uno en un tanque de agua.

Si fueras un pulpo, vivirías en el mar. Quizás vivirías donde el agua es profunda y oscura.

Permanecerías lejos de la playa. Hay demasiada gente allí. Los pulpos son muy tímidos.

Hay pulpos grandes y también pequeños. Podrías ser tan pequeño como un carro de juguete. Podrías ser tan grande como un autobús.

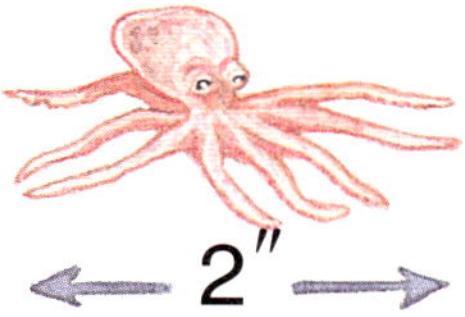

Si fueras un pulpo, serías redondo. Tendrías dos ojos. ¡Pero tendrías ocho brazos!

Si fueras un pulpo, tus brazos serían fuertes. Y tendrían ventosas. Te ayudarían a sostener las cosas.

Los usarías para moverte. Y los usarías para buscar comida.

Si fueras un pulpo, pequeños animales marinos serían tu comida.

Tu boca sería fuerte como el pico de un ave. Podrías romper conchas.

Un pulpo no tiene huesos. Si fueras un pulpo, serías suave y blando.

Incluso los pulpos grandes pueden esconderse en un lugar pequeño.

Si fueras un pulpo, sabrías cómo esconderte bien. Vivirías entre dos grandes rocas. Cubrirías tu escondite y serías como un rey o una reina en su jardín. Allí podrías descansar. También podrías esperar que pasara tu comida.

Si fueras un pulpo, podrías cambiar de color. Podrías verte como el fondo del mar. También podrías cambiar tu piel para que fuera lisa o irregular.

Un pez podría pasar nadando. Nunca se enteraría de que pronto estaría en tu estómago.

Si fueras un pulpo, te esconderías de las cosas que pueden comerte.

Grandes animales marinos e incluso grandes peces comen pulpos.

Si un gran pez quisiera comerte, podrías usar otro truco. Expulsarías una nube de tinta negra y escaparías nadando rápidamente. ¡Y no caerías en su estómago!

Si fueras un pulpo, podrías usar colores para hablar. Podrías decir "Hola" o "¡Vete de aquí!".

¡Un pulpo puede incluso tener rayas!

¿Te gustaría ser un pulpo?